AF359706

le la Seine, en date du 12 juillet 1827, confirmé par arrêt de la
Cour d'appel, le 5 août 1828 (Pas d'insertion au *Moniteur*). Aupa-
ravant, ce livre avait été mis à l'index, par mesure de police,
en 1825.

Le jugement et la mise à l'index visent une des 4 ou 5 réimpressions qui furent faites, de 1776 à 1825, de l'édition originale :
Confession générale du chevalier de Wilfort, Londres, 1758, in-12.

76. — **Amélie, ou Les écarts de ma Jeunesse.** « Une
belle femme, sans pudeur, est comme une bague d'or
au museau d'une truie. Prov. de SALOMON, chap. II,
verset 27. » Tome Premier [Second] — Bruxelles, Gay
et Doucé, éditeurs, 1882.

2 tomes en 1 volume in-12 de VIII-291 pp. broché, couv. impr.
Tiré à 500 ex. sur Hollande (Ex. de passe non numéroté) avec
un frontispice signé Chauvet sur Chine volant.

77. — **Pièces Libres de M. Ferrand,** *et Posies de
quelques autres auteurs sur divers sujets. —* A Londres,
chez Godwin Harald, MDCCXLIV.

1 volume in-18 de 193 pages. Reliure ancienne veau marbré,
dos orné tranches rouges.

Voir à 320, un autre exemplaire de la même édition, et à 321 et
731, des exemplaires de deux autres éditions.

Comme pour tous les recueils collectifs, le texte subit de notables
remaniements à chaque édition ; on ajoute ou on retranche des
pièces ; on fera donc sagement de consulter les trois éditions et de
les comparer.

78. — LEO TAXIL. **La Confession et les Confesseurs.**
*Appendice : Pieuses exhortations, par Monseigneur
Claret ; Mœchialogie, par le R. P. Debreyne ; Compen-
dium ; et les Diaconales, par Monseigneur Bouvier.*
Paris ; cet ouvrage est édité spécialement par l'auteur. Dépôt à son domicile : 35, rue des Ecoles. Tous
droits réservés.

1 vol. in-16. s. d. de VIII-215 p. broché couv. impr. La couverture diffère sensiblement du titre intérieur. Elle vise au scandale
tout par les variantes apportées dans le texte que par la grosseur
des caractères : *Les Pornographes sacrés. La confession et les con-*

83 - 92

79. — Mémoires d'une Femme de Chambre, *écrits par elle-même*, en 1786. Tome Premier. [Second] Bruxelles, J. J. Gay, éditeur, 1883.

2 tomes en 1 volume petit in-8° de 186 pp. broché, couv. impr. papier de Hollande.

80. — Jolis péchés des Nymphes du Palais-Royal, rues, boulevards, et Faubourgs de Paris, ou *Confessions curieuses et galantes de ces demoiselles, écrites par elles-mêmes ; suivies d'historiettes, anecdotes amoureuses, lazzis et espiègleries, terminées par leur pétition aux ministres, revêtue de leurs noms et adresses.* Deuxième édition. Prix, 1 fr. 50. — Paris, Terry, éditeur, et Palais-Royal, Galerie de Valois, n° 185. — 1839.

1 volume in-18, s. d. avec une curieuse gravure en frontispice. Par Baudoin.

Voir à 80 *bis*, une réimpression de cet ouvrage.

80 *bis*. — Jolis péchés des Nymphes du Palais-Royal, Rues, Boulevards et Faubourgs de Paris, ou *Confessions curieuses et galantes de ces demoiselles, écrites par elles-mêmes ; terminées par leur pétition aux ministres, revêtue de leurs noms et adresses ; rédigé* par BAUDOIN. A Paris, chez Korikoko, libraire du Palais, cette présente année.

1 volume in-12, de 97 pp. broché, couv. impr. papier de Hollande, réimpression (Gay, Bruxelles, 1882).

Voir au numéro précédent, 80, un exemplaire de la 2ᵉ édition.

81. — Le Putanisme d'Amsterdam. *Livre contenant les tours et les ruses dont se servent les putains et les maquerelles ; comme aussi leurs manières de vivre, leurs croyances erronées et, en général, toutes les choses qui*

sont en pratique parmi ces donzelles. — Bruxelles, chez J.-J. Gay, éditeur, 1883.

1 volume petit in-8º de xi-193 pp. broché couv. impr. papier de Hollande avec un frontispice et 3 planches gravées sur Chine volant reproduisant le frontispice et les grav. de l'édition de 1681. Sur le titre reproduction de la marque du libraire qui publia cette édition avec la devise : *Ne extra oleas.*

82. — **Les Aventures Galantes de quelques enfants de Loyola.** Première [deuxième] Partie. Sur l'imprimé au Paraclet, MDCCLXXXII. — Bruxelles, J.-J. Gay, éditeur, 1882.

2 parties en 1 volume petit in-8º de 196 pp. broché, couv. impr. papier de Hollande.

83. — **Galante Unterhaltungen Zweier Mædchen des 19.** — *Jarhchunderts am hauslichen Herd.* — Rom und Paris, Verlag von Grangazzo, Vache et Cⁱᵉ.

En allemand, s. d. in 8º de 110 pp. cartonné, couv. imprimé (*Entretiens galants de deux Jeunes filles du XIXᵉ siècle au foyer domestique*).

84. — **Die Brautnacht.** *Brief einer jungen Frau an ihre Freundin ihr die Gefuehle und Eindruecke der Brautnacht beschreibend.* — Als Maniscript gedrucht.

1 volume in-32 de 16 pages. En allemand. (*La nuit de noces, Lettre d'une Jeune femme à une amie, décrivant les sensations et les impressions de la nuit de noces*).

A la suite :

Venetianische Næchte. *Aus dem Tagebuch eines osterreichifchen Offiziers.* Auls Manuscript gedrucht.

16 pages également. Soit en tout 1 volume de 32 pages, tout petit format, broché, sans couv. impr.

En allemand (*Nuits Vénitiennes. Extrait du Journal d'un officier autrichien*)

Texte en russe et. in-8° carré de 190 pp. braché, couv. impr.
s. d. (Méjdé Drouziani). *Entre amis. Morceaux comiques et piquants des poètes familiers (populaires) de la Russie. (Obscénités). Première édition complète, Constantinople, Simonius et Cie (Galata).*

86. — **Die Schule der Liebe**, *oder aufrichtige Gespräche zweier Maedchen ueber die wichtigsten Gegenstaende. Rom und Paris. Gedruckt auf Kosten guter Freunde.*

Texte allemand. s, d,, in-8° carré de 136 pp. cartonné, sans couv. impr. *(L'Ecole de l'Amour, ou Dialogues sincères de deux Jeunes filles sur les questions les plus importantes) (Rome et Paris. Imprimé aux frais des bons amis).*

87. — **Le Trente et Un de la Zaffetta**, *poème de* LORENZO VENIERO, *gentilhomme Vénitien*, (XVIe siècle). Littéralement traduit, texte italien en regard. Paris, Isidore Liseux, éditeur, Quai Malaquais, n° 5. — 1883.

1 vol. petit in-4° de XV-79 pages, tiré à 150 ex. numérotés, sur Hollande n° 150° notice et traduction d'Alcide Bonneau.
Textes français et italien.

Voir à 162 un autre exemplaire de la même traduction, et à 559 et 561, deux exemplaires de l'édition italienne.

Il semble que la paternité de ce poème doive être, sinon en totalité du moins pour la plus grande partie restituée à l'Arétin (Cf. la notice de Guillaume Appollinaire dans l'Arétin (Paris, Mercure de France, 1912).

Zaffeta est un surnom qui signifie fille d'un sbire.

88. — **La Tariffa delle Puttane di Venegia** (XVIe siècle). *Texte italien et traduction littérale.* — Paris, Isidore Liseux, éditeur, Quai Malaquais, n° 5. — 1883.

1 vol. petit in-4° de VIII-87 pages broché, couv. impr. Tiré à 150 ex. sur Hollande n° 150° Imprimé par Charles Unsinger. Notice et traduction d'Alcide Bonneau.

Voir à 157 un autre exemplaire de cette édition. Poème en tierce rime attribué à l'Arétin, à Tullie d'Aragon, aux Veniero et qui doit avoir été écrit par différents auteurs dans le milieu ou fré-

S'il n'y avait pas absolument de caractères
russes, imprimer comme il suit

85.— (en caractères russes) (italiques de 7)

MEJDOU ~~DROUZIAMI~~ DROUZIAMI
SMIECHNIA I PIKANTIA CHTOUKI
DOMACHMICH POETOV ROSSII
PERVOIE POLNOE IZDANIE TZARIGRAD
V KIMONI MAGAZINIE

Liseux, éditeur, Quai Malaquais, n° 5. — 1883.

Le titre est imprimé en noir et rouge. La couverture mobile
porte ce titre imprimé en noir. In-8° de un feuillet, xi-111 pages
et un feuillet. Le second plat de la couverture porte une annonce
d'ouvrages de *la Nouvelle Collection Elzévirienne.* Cette édition a
été tirée à 150 exemplaires numérotés sur Hollande, plus une
douzaine d'exemplaires de passe (n° 150e) L'*Avertissement* et la
traduction sont d'Alcide Bonneau. Au dos de la page 111, on lit :
Typ. Unsinger, 83, rue du Bac.

Voir à 158, un autre exemplaire de cette édition, et à 211, 213,
217, 220, les anciennes éditions du Zoppino. Dans son introduction
à une nouvelle traduction du *Dialogue du Zoppino* (*Le Coffret du
Bibliophile,* Bibliothèque des Curieux, Paris, 1911), M. Guillaume
Apollinaire a attribué la paternité de ce petit ouvrage à un prêtre
espagnol italianisant du xvie siècle : Francisco Delicado, auteur
de la fameuse Nouvelle Dramatique espagnole *La Lozana Andaluza.*
Il pense que le *Zoppino* et *la Lozana Andaluza* forment le proto-
type des *Ragionamenti* de l'Arétin.

92. — **Doutes Amoureux**, ou *Cas de conscience et points
de droit, avec leurs solutions, à l'usage des Confesseurs
et des Magistrats.* Texte italien et traduction en regard. — Paris, Isidore Liseux, éditeur, Quai Malaquais, n° 5. — 1883.

1 vol. in-16 de xii-88 pages. broché, couv. imp. Tiré à 150 exemplaires sur Hollande (n° 150e) Texte italien et traduction française d'Alcide Bonneau. Texte et traduction des fameux *Dubii
amorosi* qui contre toute vraisemblance, furent attribués à l'Arétin.
Voir à 155 un autre exemplaire de l'édition Liseux, et à 202,
203, 204, 205 et 206, des éditions anciennes des *Dubbii Amorosi.*

93. — **Poésies complètes** de Giorgio Baffo, *en dialecte
vénitien, littéralement traduites pour la première fois,
avec le texte en regard.* — Orné du portrait de l'auteur.
Tome I [II, III, IV] imprimé à cent exemplaires pour
Isidore Liseux et ses amis, Paris, 1884.

4 volumes in-8, sur papier de Hollande couv. imprim., titre et
faux-titre de chaque vol. en rouge et noir. Tome I : xix-362 pages
et un feuillet non chiffré. Portrait de Baffo sur papier de Hollande

et papier du Japon : c'est la reproduction du portrait paru en tête de l'édition de Cosmopoli. Tome II : 2 feuillets non chiffrés, 365 pages et 1 feuillet non chiffré. Tome III : 2 feuillets non chiffrés et 372 pages. Tome IV : 2 feuillets non chiffrés et 386 pages et un feuillet non chiffré. Cette traduction est due à Alcide Bonneau. Tiré à 100 ex. (n° 100ᵇ).

Sous les cotes *Enfer* 160 et *Enfer* 227, se trouvent deux exemplaires d'une édition en dialecte vénitien — et sans gravures, — des poésies de Baffo. Sous le titre de : *Raccolta universale delle opere di Giorgio Baffo*, et sous la rubrique de *Cosmopoli*, parut en 1789, une édition beaucoup plus complète, en 4 volumes in-8°.

Or, cette édition (*Cosmopoli*, 1789), qui contient *toutes* les pièces publiées déjà en 1771, et *beaucoup* d'autres qui ne le cèdent en rien aux premières, a été classée dans le service, sous la cote yᵈ 6390-6393.

On peut regarder Baffo comme un grand poète lyrique comme un des plus grands poètes du xviiiᵉ siècle. Il écrivait en dialecte vénitien.

Giorgio Baffo, patricien de Venise, naquit dans cette ville en 1694 et y mourut en 1768 à 74 ans. On ne sait presque rien de sa vie. Il fut tuteur du célèbre Casanova qui le loue extrêmement dans ses *Mémoires*. Les poésies de Baffo ne furent publiées qu'après sa mort. Il paraît qu'il existe encore un certain nombre de poèmes inédits de Baffo.

94 — Justine, ou Les Malheurs de la Vertu. Reproduction textuelle de l'édition originale (en Hollande, 1791). Avec un frontispice gravé. — Imprimé à cent cinquante exemplaires pour Isidore Liseux et ses amis. Paris, 1884.

1 vol. in-8 de 340 pages, broché, couv. impr., avec reproduction du frontispice de l'Edition originale.

La couverture porte comme titre : *Edition privée... Liber Sadicus.*

Il y a à l'*Enfer* deux exemplaires de l'édition originale, 501-502 et 503-504, plus 3 exemplaires de la 3ᵉ édition. En Hollande, 1800, aux cotes 505 à 508, 509 à 512 et 513-514. Enfin, à 106, une traduction anglaise.

Voir aussi *La Nouvelle Justine*, *Histoire de Justine* et *Histoire de Juliette*.

On trouvera des notice détaillées sur le marquis de Sade et les diverses éditions de sa *Justine* aux n°ˢ 501-502 et 515 à 518.

95. — **Lettres d'un Ignorantin à son élève.** —Paris, librairie anti-cléricale, 26 et 35, rue des Ecoles, 26 et 35. — MDCCCLXXXIV.

In-12 de 168 pp. broché. couv. impr. A la suite catalogue des ouvrages de la dite librairie. La couv. offre selon l'habitude de la maison (voir n° 78) des variantes dans le texte du titre : *La mère en défendra la lecture à sa fille et même le père à son fils.*

96. — **Aloisiae Toletanae, Satyra Sotadica de arcanis amoris et Veneris.** *Aloisia hispanice scripsit, latinitati donavit Joannés Meursius, re vera auctore* Nicolao Chorier. Parisiis cura et studio Isidori Liseux, editoriis rue Bonaparte, n° 25, venit apud Theophilum Belin, Bibliopolam, quai Voltaire, n° 29. — 1885. »

1 vol. in-16 de xxxvi-342 pages, broché, couv. imprimée.

L'indication *cura et studio Isidori Liseux* n'est là que pour dissimuler le nom de l'érudit à qui l'on doit cette édition, Alcide Bonneau, qui trahit suffisamment sa personnalité en publiant diverses études sur Chorier et sa Satire et notamment dans *Curiosa, essais critiques de littérature ancienne ignorée ou mal connue,* par Alcide Bonneau (Paris, Liseux, 1887). Liseux fit imprimer cette édition, mais ne pouvant pas la payer, gêné qu'il était, il s'associa pour la publier, au libraire Belin. Ajoutons que l'éditeur Liseux qui publia de si beaux livres, mourut, pour ainsi dire, dans la misère, le 11 janvier 1894, à l'âge de 58 ans. Il fut enterré dans la fosse commune et sa sépulture fut détruite en 1899.

97. — **De la Sodomie, et particulièrement de la Sodomie des Femmes, distinguée du Tribadisme,** par le R. P. Louis Marie Sinistrari d'Ameno, *auteur de la* « **Démonialité** ». Traduit du latin. — Paris, Isidore Liseux, éditeur, Quai Malaquais, n° 5. — 1883.

In-16 de vi-104 pp. broché, couv. impr. Tiré à 150 ex. sur Hollande (n° 50). Traduction d'Alcide Bonneau.

Voir à 39, avec notre notice, une édition en latin, de Liseux.

98. — **Les Proverbes en Facéties** d'Antonio Cornazano (xvi° *siècle*). *Traduit pour la première fois, texte italien en regard.* — Paris, Isidore Liseux, éditeur, rue

Bonaparte, n° 25. — 1884.

In-8°. de xxiii-204 pp. broché, couv. impr. Tiré à 200 ex. sur
Hollande (n° 200). Traduction française d'Alcide Bonneau.

Voir à 165 un autre exemplaire de la même édition, et à 105
une traduction en anglais.

99 — **Dictionnaire érotique Latin-Francais**, par Nicolas Blondeau, *Avocat en Parlement, censeur des
Livres et Inspecteur de l'imprimerie de Trévoux
(xviii⁰ siècle). Edité pour la première fois sur le ma-
nuscrit original avec des notes et additions de* François
Noel, *Inspecteur général de l'Université. Précédé d'un*
Essai sur la Langue Erotique, par le Traducteur du
Manuel d'Erotologie de Forberg. — Paris, Isidore Liseux, éditeur. — 1885.

1 volume in-8° de lxxxiv-154 pages, broché, couv. impr. Tiré
à 375 ex. sur Hollande. (n° 375ª) La couverture porte : *Dictiona-
rium eroticum latino-gallicum.*

L'*Essai sur la Langue Erotique* est d'Alcide Bonneau.

100. — **Ananga-Ranga**, *Traité Hindou de l'Amour
Conjugal, rédigé en sanscrit par l'Archi-Poète* Ka-
lyana Malla (xvi⁰ *siècle*). *Traduit sur la première
version Anglaise, (Cosmopoli, 1885) par* Isidore Liseux. Paris, Isidore Liseux, éditeur, rue Bonaparte,
n° 25. — 1886.

1 volume petit in-8°. de xv-199 pp. broché. couv. impr. Tiré à
300 ex. sur Hollande (n° 149). On sait que l'auteur hindou, con-
vaincu que la monogamie est un état parfait, a voulu préserver
les époux de la monotonie et de la satiété qui suivent la posses-
sion.

101. — **Les Kama-Soutra de Vatsyayana**, *Manuel
d'Erotologie Hindoue* (v⁰ *siècle*). *Traduit sur la première version anglaise (Bénarès, 1883), par* Isidore
Liseux. Imprimé à deux cent vingt exemplaires, pour
Isidore Liseux et ses amis. Paris, 1885.

1 vol. in-8. XXIV-274 pp. broché, couv. impr. Edition privée
sur Hollande (nº 214).

**102. — Hecatelegium, ou Les Cent Elégies satiriques
et Gaillardes de Passifico Massimi, *Poète d'Ascoli*
(xvᵉ siècle). *Littéralement traduit pour la première fois,
texte latin en regard.* — Imprimé à cent-vingt exemplaires pour Isidore Liseux et ses amis. Paris, 1885.**

1 vol. in-8 de XVI-356 pages, tiré sur Hollande (nº 413) à 120
exemplaires, couv. mob. impr., traduction française d'Alcide Bonneau.

**103. — Le Jardin Parfumé du Cheikh Nefzaoui, *Ma-
nuel d'Erotologie arabe* (xvıᵉ siècle). Traduction revue
et corrigée. Imprimé à deux cent-vingt exemplaires,
pour Isidore Liseux et ses amis. Paris, 1866.**

1 vol. gr. in-8 de XVI-300 pages. Papier de Hollande (nº 65)
broché, couv. impr.

**104. — Mémoirs of Fanny Hill, By John Cleland. A
new and genuine edition from the original text (London, 1749). Paris, Isidore Liseux, 19, passage Choiseul, 1888.**

1 vol. in-18 de XI-325 pages, broché couv. impr. (Papier de
Hollande).

Voir à 114 et 124 deux exemplaires de cette édition, et pour les
diverses éditions en anglais ou en français des *Mémoires de Fanny
Hill*, les nᵒˢ 110, 127, 284-285, 286-287, 288-289, 290, 291, 292,
293-294.

C'est un des ouvrages érotiques dont la bibliographie est la plus
obscure.

Il a eu diverses éditions sous des titres différents, mais c'est tou-
jours sous la dénomination de *La Fille de joie* que ce livre a été
frappé par les condamnations suivantes :

1º Par arrêt de la Cour d'ass. de la Seine, 29 déc. 1821, pas d'ins.
au *Monit.* ;

2º Arrêt de la Cour royale de Paris, 16 nov. 1822, ins. au *Moniteur* du 26 mars 1825 (aff. contre Rousseau) ;

3° Jugement du Trib. de la Seine du 7 mars 1823 (Destruct. encore ordonnée, pas d'ins. au *Moniteur*) ;

4° Jugement du même Trib. en date du 25 fév. 1825 (*Moniteur*
du 7 nov. 1826).;

5° Enfin un jugement du Trib. correc. de Lille, du 6 mai 1868,
inséré au *Moniteur* du 19 sept. suivant, ordonne la destruction de
l'ouvrage en 2 vol. intitulé : « La fille de joie » (Aff. contre Duquesne).

C'est le meilleur ouvrage érotique anglais. Il est dû à John Cleland, qui l'écrivit pour 20 guinées vers 1745. Il fut poursuivi et
le Président Granville lui fit une pension annuelle de 100 livres ster-
ling, à condition qu'il n'écrirait plus d'ouvrages libres. Le nom de
Fanny est un diminutif de *Frances*, qui signifie Françoise et *Fanny*
signifie proprement Fanchon. *Hill* veut dire colline et une traduction française de 1756 est intitulée *Apologie de la fine galanterie de
M*ᴵᴵᵉ *Françoise de la Montagne.*

105. — **Proverbs in Jest**, *or the tales of* Cornazano
(XVᵗʰ century). Literally translated into English,
With the italian text. — Isidore Liseux, 19, passage
Choiseul, 1888.

In-16°, sans lieu (Paris) de XXIII-216 pp. cartonné/sans couv.
impr.

Texte italien et traduction anglaise, par Isidore Liseux.

Voir à 98 et 165, deux exemplaires de la traduction française
d'Alcide Bonneau.

106. — **Opus Sadicum**, *A philosophical Romance, for*
the First Time Translated from the original french
(*Holland*, 1791). With an engraved frontispice. Paris,
Isidore Liseux, 19, passage Choiseul, 1889.

Gr. in-8° de VIII-392 pp, br. couv. (Papier de Hollande) avec
le même frontispice que le n° 94.

Traduction anglaise, par Isidore Liseux, de la 1ʳᵉ édition de la
Justine du marquis de Sade.

Voir à 94, 501-502, 503-504, 505 à 508, 509 à 512, 513-514, 515
à 518, divers exemplaires de la 1ʳᵉ édition ou de ses réimpressions.

107. — **The Ragionamenti, or Dialogues of the Divine**
Pietro Aretino. *Literally translated into English, with a*

reproduction of the author's portrait, en graved by
Marc Antony Raimon di from the picture of Titian.
— Paris, Isidore Liseux, 1889.

6 vol. in-8°. de XXX-83, 89, 100, 134. 129 et 139 pp. brochés,
couv. impr. I. *The life of nuns*; II. *The life of married women*;
III. *The life of courtesans*; *the Education of Pippa*. IV. *The Wi-
les of men*. VI. *The Bawd's trade*. — Papier de Hollande.
Traduction anglaise d'Isidore Liseux.
Un autre exemplaire à 119.
Voir pour les diverses éditions françaises, allemandes ou ita-
liennes, les n°s 19, 67, 201, 207, 208, 209, à 211, 212, à 213, 216,
à 218, 219, 220, 221, 222, 223, 224, 225, 767, 766.
Voir notre notice à 19.

108. — **The Dialogues of Luisa Sigea** (*Aloisiae Sigeae
Satyra sotadica de arcanis amoris et veneris*) *Literally
translated from the latin of* NICOLAS CHORIER. — Paris,
I. Liseux, 1890.

Traduction anglaise de Liseux, 3 volumes in-8, (6 parties) xx-
87, 132 et 100 pp, brochés, couv, impr., tome I-IV, *The Skir-
mich*; *Tribadicon*; *Fabric*; *The Duel*; t. V, *Pleasures*; t. VI, *Pro-
lifs and Sports*. Papier de Hollande.
Voir un autre exemplaire de cette édition à 118 et pour les diverses éditions du *Meursius*, en français ou en latin, les n°s 28, 67,
143, 257, 258, 259, 260, 261, 262-263, 264, 265-266, 267-268, 269-
270, 271, 272-273, 274-275, 276, 277, 278, 279, 280-281, 282-283,
814, 815, 816.

109. — **Les Fellatores**, *mœurs de la Décadence*. « Si, au
lieu de s'acharner à cacher les hontes, on les dévoilait, j'imagine que tout n'en irait que mieux. OCTAVE
MIRBEAU ». — Union des Bibliophiles, 1888, Paris.

1 volume in-12 de 232 pages (Devaux, éditeur) par le Dr Luiz.
La couverture manque à cet exemplaire. Voir un autre ex. à 111.
Ce volume contient des attaques contre des écrivains encore vi-
vants. Cet ouvrage a été condamné.

110. — **Mémoirs of a Woman of Pleasure** (*Fanny
Hill*), by JOHN CLELAND. A new and genuine édition

(from the original text, London, 1749). — Paris, Isidore Liseux, 29, rue Radziwill, 1890.

1 vol. in-8 de VIII-319 pages. Broché, couv. impr.
Voir les diverses éditions en anglais ou français de l'ouvrage de Cleland, aux n°s 104, 114, 124, 127, 284-285, 286-287, 288-289, 290, 291, 292, 293-294.

111. — D' Luiz. **Les Fellatores**, *mœurs de la décadence.* « Si, au lieu de s'acharner à cacher les hontes, on les dévoilait, j'imagine que tout n'en irait que mieux. Octave Mirbeau ». — Paris, Union des Bibliophiles, 9, rue des Beaux-Arts, 9. — 1888. Tous droits réservés.

Double du 109. Cartonné. Couverture imprimée.
La couv. (rose rayée vert) porte le nom de l'auteur D' Luiz et l'adresse de l'union des Bibliophiles (9, rue des Beaux Arts.

112. — **[Le volume manque depuis longtemps]**

C'est l'*Ecole des Filles*, Paris, 1667.
Voir 386 (avec notre notice) et 387-388.

113. — **Anecdotes pour servir à l'Histoire secrète des Ebugors.** A Medoso, L'an de l'Ere des Ebugors, MMMCCCXXXIII.

1 volume in-12 de 106 pages (Amsterdam, J. P. du Valis, 1733). Edition avec la Clef (pp. 103 et 109) qui manque souvent. On sait qu'*Ebugors* est l'anagramme de *Bougres.* Demi reliure ancienne à coins, veau dos orné, tranches rouges. Le nom d'*Adam Horn* est frappé en or sur le plat recto et sa signature est sur le titre. On y remarque un cachet amorié de cire rouge et le cachet de la Bibliothèque (Collection Piot).

114. — **Memoirs of Fanny Hill**, by John Cleland, in a new and genuine edition from the original text. (London, 1749). — Paris, Isidore Liseux, 19, passage Choiseul, 1888.

Double des 104 et 124.

115. — 5 fr. *Poematia Latina Inedita. Lesbiae vero-*

nensis (Catulli puellæ). **Callipygia,** *Carmen nunc primum in lucem editum.* — Parisiis, Apud Isidorum Liseux, rue Radziwill, n° 29. — 1891.

In-8° de 16 pp. numérotées 9-24, broché couv, impr. pas d'autre titre que la couverture. D'ailleurs le cahier porte le chiffre 2 comme signature ce qui semble indiquer que la *Callipygia* était destinée à faire partie d'un recueil de pièces analogues.

Texte en latin.

116. — **A Lesbos.** Jehan de Kellec. — Librairie B.. Simon et Cie, 15, rue Saint-Benoît, Paris.

1 vol. in-18. de 269 pp, broché couv. impr. et illustrée par (illisible).

117. — **Contes secrets russes.** (*Rousskiia zavetnia skazki*). Traduction complète. — Paris, Isidore Liseux, éditeur, 1891..

1 vol. in-8 de xvi-256 pages, broché, couv. impr. Tiré à 220 exemplaires numérotés sur Hollande (n° 220ª).

118. — **The Dialogues of Luisa Sigea** (*Aloisiae Sigeae Satyra Sotadica de arcanis amoris et veneris*). *Literally translated from the latin of* Nicolas Chorier. — Paris, I. Liseux, 1890.

Double du 108. Manque le 3ᵉ volume.

119. — **The Ragionamenti, or Dialogues of the Divine,** (Pietro Aretino, *literally translated into English.* — Paris. Isidore Liseux, 1889.

Tomes V et VI seulement. Voir cette édition complète, à la cote 107.

120. — **Memoirs of a French Lady of Pleasure.** A new and genuine édition from the original text (London, 1797). Curious frontispice. [*sic*] — Amsterdam, 1888.

Pet. in-8° de 108 pp. broché, sans couv. impr. Papier de Hollande.

Le frontispice manque.

**121. — Les Matinées du Palais-Royal, ou Amours se-
crètes de M¹¹ Julie B***, *devenue comtesse de l'Empire ; racontées par elle-même.***

> Des soirs prudens et des besoins secrets
> L'œil du matin verra tous les apprêts
>
> BERN.

Paris, chez les marchands de nouveautés, 1815.

1 volume in-12 de 144 pages, avec un frontispice pliant, gravé
sur cuivre, non-libre.
Suivi de : *Dix-neuf Baisers par un amant de 22 ans,* ~~suivis de~~
La Jolie Ravaudeuse. Prix 2 fr. *Paris* (s. d.) in-18 de 180 pp. Deux
ouvrages en un vol. Demi-reliure basane à coins. La pièce rouge
du dos de ce recueil factice porte : *Bibliothèque amusante.*
Attribué à Lallemant ou à P. Cuisin.

122. — Padlocks and Girdles of Chastity; *an historical
and descriptive Notice, to which in added Freydier's
Speech, against their use in France. (Re Lajon versus
Berlhe, Breach of promise of marriage).* Translated
from the french ; With illustrations. —Paris, Isidore
Liseux, 25, rue Bonaparte, 1892.

1 volume. Texte anglais. In-16 de 104 pp. broché. couv. impr.
Les illustrations sont dans le texte.

123. — L'Hermaphrodite de Panormita (xve siècle).
*Traduit pour la première fois, avec le texte latin et un
choix des notes de Forberg.* — Paris, Isidore Liseux,
éditeur, rue Bonaparte, n° 25. — 1892.

1 vol. petit in-8° de xix-154 pp. br. couv. impr. Papier de
Hollande (n° 110). Edition unique à 110 exemplaires.
Par Antonio Beccadelli.
Dans l'*Hermaphrodite,* L. II, on trouve une *Epitaphium Ni-
chinæ Flandrensis scorti egregii* (Epitaphe de Nichina, Flamande de
noble extraction), courtisane enlevée jeune à sa patrie. On l'appe-
lait Nichina. Cette très belle épitaphe inspira sans aucun doute à
Hugues Rebell, grand connaisseur de littérature sotadique, son
beau roman de la *Nichina.*

124. — **Memoirs of Fanny Hill**, by John Cleland. A
new and genuine edition from the original text (London, 1749). — Paris, Isidore Liseux, 19, passage
Choiseul, 1888.

Double des 104 et 144.

125. — **L'Amour aux Colonies**. *Singularités physiolo-
giques et passionnelles, observées durant trente années
de séjour dans les Colonies françaises, Cochinchine,
Tonkin et Cambodge, Guyanne et Martinique, Sénégal
et Rivières du Sud, Nouvelle-Calédonie, Nouvelles-Hé-
brides et Tahiti,* par le Docteur Jacobus X***.
Paris, Isidore Liseux, éditeur, 25, rue Bonaparte,
1893.

1 volume grand in-8°, de vii-396 br. couv. impr. Papier de
Hollande, (n° 330a); tiré à 330 exempl. numérotés. Ouvrage très
intéressant qui devrait avoir sa place dans le service.
Un autre exemplaire à 821, et deux traductions anglaises à
925-926 (1 ex.) et 139, 141 (2 ex.).

126. — **Les Noces de Luther**, ou **La Monachopornoma-
chie**, de Simon Lemnius (xvie siècle). *Traduit du latin pour la première fois, avec le texte en regard.* —
Paris, Isidore Liseux, 25, rue Bonaparte, 1893.

1 vol. in-8° de xx-120 pages. Broché, couv. impr., en noir.
Titre en rouge et noir. Edition unique à 200 exemplaires numé-
rotés. Exemplaire de passe n° 230. traduction française d'Al-
cide Bonneau.
Un autre exemplaire à 177.
La couverture imprimée porte en tête :

       « *Avis aux Libraires.*

« Ce volume, édité dans les conditions légales pour un petit
« nombre de Bibliophiles, ne doit pas être exposé aux étalages. »
Dans le texte français de la traduction, les mots libres sont im-
primés en lettres grecques.

127. — **Mémoires de Fanny Hill**, par John Cleland
(xviiie *siècle) entièrement traduits de l'anglais pour la*

première fois par Isidore Liseux. — Imprimé à cent
exemplaires pour Isidore Liseux et ses amis. Paris,
1887.

1 volume in-8 de x-327 pages. Broché. Couverture imprimée.
Titre intérieur en noir et rouge. Papier de Hollande (n° 124).
Le fragment de sodomie n'est pas traduit dans cette édition.
Voir pour les autres éditions (français ou anglais), les n°s 104,
110, 284-285, 286-287, 288-289, 290, 291, 292, 293-294.

128. — **Travesuras del Amor.** *Galeria del deleite. Colec-
cion de todo la mas sabroso y lechoso que se ha esgrito
en prosa y en verso sobre el coño é islas indecentes.
Recopilada por un aficionado.* — Londres, im-
prenta y Jodeografia de L. Westhengartg. 1870.

Pet. in-16° de 62 p, broché couv. impr. Couverture illustrée
d'une Folie tenant sur une banderolle le titre *Las Travssuras.*
En espagnol. Un frontispice libre gravé sur bois.
Suivi de : *Una aventura singular, recuerdos de mi Joventud.*

129. — Paul Felix. **Comment je l'ai perdu !** *Conte
polisson.* Prix : 1 franc. — Paris, Librairie Paul
Franck, 61, passage Brady, 61. — 1888. Tous droits
réservés.

In-8° de 6 pp. br. couv. imprimée qui sert de titre, le texte est
tiré à l'encre bleue.
Brochure. Conte insignifiant en prose, 4 pages de 12 lignes cha-
cune.

130. — Athens MDCCCLXXXVIII imprinted by the
Erotika Biblion Society, for private distribution only.
Tableaux vivants, *Complety translated from the origi-
nal french, by a member of the* council. Annotated.

In-8° de v/112 pp, plus 3 ff. liminaires non chiff. cartonné,
couv. impr. Tirage à 250 ex. sur Hollande (n° 76).
Méchante traduction anglaise de : *Les Tableaux Vivants, ou mes
Confessions aux pieds de la Duchesse.* Anecdotes véridiques tirées
de nos amours avec nos libertines et nos fouteuses de qualité,
par un Rédacteur de la R. D. D. M. (*La Revue des Deux-Mondes*).
(2 vol., in-12, Amsterdam, s. d.). Paris, Poulet-Malassis, 1870,

L'ouvrage français n'est pas à la B. N.

Il est attribué à Gustave Droz. C'est un ouvrage spirituel en dépit de sa licence. Il est composé de morceaux détachés que relient un exorde et une conclusion. Ce recueil est plein de renseignements touchant l'époque où il fut écrit, époque de luxe, galante et gaie, le Second Empire. Néanmoins comme il est composé de morceaux assez courts, malgré la verve de l'auteur et le tour voluptueux de ses récits, le succès fut médiocre. Les piètres amateurs de la littérature sous le manteau, ne goûtèrent point cette production d'un homme d'esprit. C'est un ouvrage que l'on découvrira un jour...

131. — **Marriage-love and Woman**, *amongst the Arabs otherwise entitled The Book of Exposition (Kitab al-Izah fi' Ilm al-Nikah b-it-Taman w-al-Kamal). Litterally translated from the Arabic by an english bohemian with Translator's Foreword, numerous impor-tant.* Notes illustrating the text and several interesting appendices. Specially-Designed eau-forte. Paris Charles Carrington, 32, rue Drouot, 32. MDCCCXCVI

Papier de Hollande, in-8° de XLVIII-291 pp. broché, couv. impr. La couverture porte seulement : *The took of Exposition englished out of the Arabic by Bohemian.*

Texte anglais. Un frontispice eau-forte signé *Fredillo.*

Voir 132.

132. — **Marriage-Love and Woman**. *Amongst the arabs otherwise entitled : The Book of exposition. (Kitab al-Izah fi'Ilm al-Nitah b-it-Taman w-al-Kamal). Literally translated from the arabic, by an English Bohemian with Translator's Foreword, numerous impor-tant.* Notes illustrating the text and several interesting appendices. Specially-Designed eau-forte. — Paris, Charles Carrington, 32, rue Drouot, 32. — MDCCCXCVI.

Double du 131.

133. — *Musée du Bibliophile anglais.* — **Le nouveau Chatouilleur des Dames**. *(Ladies Tickler). Traduit*

*pour la première fois de l'anglais par les soins de la so-
ciété des Bibliophiles Cosmopolites.* (Ici un fleuron
composé d'entrelacs végétaux). Londres, imp imerie
de la Société Cosmopolite. MDCCCLXXX.

Pet. in-8°, 138 pages brochè sans couv. impr. Tirage à 500 ex.
sur Whatman (Ex. non numéroté), (manquent 4 pages, de 133 à
136). Nous ne savons pas où a été imprimé ce volume, on pense
cependant que c'est une édition de Brancart, à Bruxelles. Une
contrefaçon tirée à grand nombre d'exemplaires et pleine de co-
quilles a été imprimée récemment à Rotterdam. Elle entrait et
entre peut-être encore en France sous une couverture verte portant ces indications : *Le Turco,* par Edmond About, Paris, 1900.
C'est la traduction d'un roman anglais dont nous ne connaissons
pas l'original, qui n'est pas mentionné dans les Bibliographies.
L'*Introduction* signée : *le Bibliophile de Mirecourt,* est datée de no-
vembre 1885. C'est une aimable et savante dissertation sur la flagellation de même que le roman est un voluptueux récit dont la
flagellation fait le fond, mais sans aucune cruauté. Le Bibliophile
de Mirecourt, qu'à cause du style et d'une certaine citation de vers
d'Emile Chevé, poète qu'il a cité ailleurs, nous soupçonnons être
une apparence du savant Alcide Bonneau, donne dans son introduction une liste d'ouvrages anglais sur la Flagellation, en ajoutant
que le dernier paru, *History of the Rod in all countries* a pour auteur
James G. Bertram, sous le pseudonyme du révérend William Cooper.

Nous avons aussi entendu dire que cette traduction et la préface
sont de M. Hector France.

**134. — The Curtain Drawn up, or The Education of
Laura,** from *the french of the* Comte Mirabeau. Re-
vised édition. — London. Putitin, Rogers and C°,
Nineinch street, 1818.

In-8° de VIII-83 pp. broché, sans couv. impr., (réimpression
moderne, vers 1875).

Traduction anglaise de : *Le Rideau levé ou l'Education de Laure.*
(Voir les éditions françaises à 142 et 399-400).

Le 2ᵉ volume est intitulé : *The History of Rose, being the second
part of The Education of Laura...*

135. — L'Odyssée d'un Pantalon, par E. D. — Paris,
Aux dépens de la Compagnie, 1889.

1 vol. in-8° de 192 pages, broché. Avec couverture imprimée, papier vergé. Le verso du faux-titre porte: *Du même auteur: La comtesse de Lesbos.*

Un autre exemplaire à 195.

Histoire d'un homme changé en pantalon de dame et qui finit par recouvrer sa forme première. C'est une imitation fort licencieuse du *Canapé couleur de feu* de Fougeret de Montbron et du *Sopha* de Crébillon le fils.

A la dernière page de couverture, on trouve le catalogue suivant des ouvrages de E. D. : *Poésies : Rondeaux et sonnets galants,* 1 vol. — *Romans : Mes Etapes amoureuses,* 2 vol. — *La comtesse de Lesbos, ou la Nouvelle Gamiani,* 1 vol.— *Les Callipyges, ou les Délices de la verge,* 2 vol. — *Le marbre animé,* 1 vol. — *Mes amours avec Victoire,* 1 vol. — *Lèvres de velours,* 1 vol.— *Jupes troussées,* 1 vol. — *L'Odyssée d'un pantalon,* 1 vol. — *Théâtre Naturaliste,* 1 vol. in-8, papier vergé, fr. 20 (voir 138, 800-801 et sur E. D. voir 175).

136. — **Les Libertins du Grand Monde.** *Nouvelle édition revue et corrigée.* A Paris, Au Palais-Royal, chez la petite Lolotte, 1890.

1 vol. in-18. 127 pp. cartonné dans sa couv. imprimée. Papier vergé.

137. — **Les amours d'un Gentleman.** Bruxelles, Maison W. Schmidt, imprimeur-éditeur.

1 vol. in-18 s. d. 202 p. br. couv. impr.

Traduit littéralement de l'anglais *(The Youthful Adventurer),* se termine au moment de la guerre de Crimée. C'est sans doute vers cette époque qu'il a été écrit.

138. — **Lesbia, Maîtresse d'Ecole,** par S. P. H. *Gendelettre Gascon.* — Paris, Aux dépens de la Compagnie, 1890.

1 vol. in-18 de vi-171 pp. cartonné dans sa couv. impr. Papier vergé de Hollande. Par E. D. (Voir 135).

139. — Edition Limited to five Hundred Numbered Copies. **Untrodden Fields of Antropology : Observa-**

tions on the esoteric *Manners and Customs of semi-ci-
vilised Peoples ; Being a Record of Thirty Year's ex-
périence in Asia, Africa, and America, by a* French
Army-Surgeon. *Two* volumes. Vol. I. — Paris, librairie des Bibliophiles, 13 Faubourg Montmartre,
1896.

2 volumes in-18° de XII-240 et XVI-266. pp. brochés, couv.
impr. (Ex. n° 125). Les couvertures portent le nom de l'éditeur :
Charles Carrington. Un autre exemplaire à 141. Voir aussi, 925-
926. Traduction anglaise de *L'Amour aux Colonies* (voir 125 et
181).

**140. — Le Nouveau dom Bougre à l'Assemblée Natio-
nale, ou L'Abbé Maury au Bordel ;** *suivi des* **Doléances
du Dieu Priape,** *et d'une* **Ode aux Bougres,** par l'Auteur du Bordel National.

> Bougre quoique calotin,
> J'aime les femmes et le vin ;
> Amis, viens me contempler,
> Foutre et boire, voilà mon métier.

1 brochure s. l. n. d. in-8 de 16 pages. Cartonné.
Un autre exemplaire à 717.

Ce pamphlet contre l'abbé Maury n'a rien de commun avec
Dom Bougre aux Etats Généraux. Il contient d'abord un pamphlet
en prose de 4 pages qui se termine par ces mots : *M. Maury a
l'honneur de prévenir le public que l'ouverture de son Bordel se fera
le 15 du mois d'aoust.*

Viennent ensuite : *Couplet dédié à l'abbé Maury, sur un air connu.*
— *Doléances au dieu Priape* (c'est l'ode à Priape, de Piron, « toutes
stances dehors »). — *Ode aux bougres.*

141. — Edition Limited to Five Hundred Numbered
Copies. **Untrodden Fields of Antropology :** *Observa-
tions on the esoteric Manners and Customs of Semi-Ci-
vilised Peoples ; being a record of Thirty Year's expé-
rience in Asia, Africa, and America ; by a* French
Army-Surgeon. *Two volumes. Vol. II.* — Paris,
librairie des Bibliophiles, 13, Faubourg Montmartre,
1896.

Tôme II seulement. Double du 139. Dans le cartonnage de l'éditeur, genre bradel, toile anglaise noire, le titre sur le plat, tête
dorée, non rogné.

142. — **Le Rideau levé**, ou **L'Education de Laure**, par
Honoré Gabriel Riquetti, comte de Mirabeau.
Ouvrage orné de six gravures hors texte. — Paris,
chez feue la Veuve Girouard, au Palais-Royal.

S. d. pet. in-8º de 243 pp. br. sans couv. impr. Papier de
Hollande.

Réimpression moderne. — Note au crayon sur la page de garde :
Rebut des Postes. — Les gravures manquent.

Voir une édition ancienne à 399-400 et une traduction anglaise
à 134 et 148 (2 exemplaires).

Condamné trois fois :

1º Par arrêt de la Cour royale de Paris, en date du 19 mai 1815
(destruction ordonnée, pas d'insertion au *Moniteur*).

2º Arrêt de la Cour d'ass. de la Vienne du 12 déc. 1838 (inséré
au *Moniteur* du 9 déc. 1839).

3º Jugement du Trib. corr. de Lille, du 6 mai 1868 (inséré au
Moniteur du 17 nov. suivant).

Ouvrage attribué à tort à Mirabeau. Il a pour auteur le marquis de Sentilly, gentilhomme bas-normand. M. Louis Dubois,
bien au fait des mystères de la typographie alençonnaise clandes-
tine, a révélé le nom de l'auteur dans une note que possédait
M. Léon de la Sicotière. Sentilly est une commune de l'arrondis-
sement d'Argentan (Orne).

La première édition parut en 1786, elle a été imprimée à Alençon,
chez Jean Zacharie Malassis.

143. — Joannis Meursii (id est Nicolai Chorerii).
**Elegantiae latini sermonis, seu Aloisia Sigaea, Tole-
tana, de arcanis amoris et veneris,** *adjuntis fragmentis
quibusdam eroticis.* (Edenti I. P. Moet) Lugduni Ba-
tavorum, ex typis Elzevirianis, ꟾꟾꟾ ꟾꟾꟾ CLVII.

2 tomes en 1 volume in-8º de XXVI-212 et 2 ff. non chif. —
174 pages, avec figures libres (Paris, Grangé ou Barbou). Reliure
ancienne veau marbré, filet sur les plats, dos orné, tranches dorées
charmaut frontispice (Cochin sisen ou Marillier représentant une
femme nue entourée d'amants, courtisée par plusieurs hommes et

portant en haut de la planche : *Judicium feneris* et en bas deux
vers latins.

Voir pour les diverses éditions du Meursius, les nᶜˢ 28, 67, 108,
118, 257, 258, 260, 261, 262-263, 264, 265-266, 267-268, 269-270,
271, 272-273, 274-275, 276, 277, 278, 279, 280-281, 282-283, 814,
815, 816.

**144. — Ordonnance de Police de MM. les Officiers et
Gouverneurs du Palais-Royal**, *qui fixe le Droit et ho-
noraire attachés aux fonctions de Fille de joie de la
Ville, Faux-bourgs et Banlieue de Paris, donné au
Séfrail, le* 17 *juillet* 1790. Ce jour, les Fouteurs assem-
blés. A Gratte-mon-con, chez Henri Branle-Motte,
rue de J'enconne, au coin de celle des Déchargeurs,
au Vit couronné. Cette année même.

In-8 de 16 pages. Demi-reliure genre bradel, percale rouge,
plats peigne, titre en long sd. Originale. Il a été fait une réédition avec cette variante dans la date : *Donné au sérail le 2 janvier* 1791 c'est le texte qui a servi à la réédition s. l, n, d. de
1875, pet. in-12. (Cat. Lemallier) *Donné au sérail le 2 janvier* 1817.

Il y aurait un curieux chapitre à écrire sur la manie de législation
qui sévit en France de 1789 à 1793. Motions, propositions, projets
de lois, pétitions, etc..., ils se vendirent ouvertement au coin des
rues. L'*Ordonnance de Police* règle par décrets de graves questions
comme celle-ci, par exemple : *Des filles bourgeoises qui se laissent
prendre le cul à propos de botte, et foutent avec le tiers et le quart, par
complaisance ou autrement* ; ou comme cette autre : *Comme on est
sujet de déconner dans les voitures publiques, vu les cahotages
continuels auxquels on est exposé (moyen d'y obvier en partie).*

145. — Les Amours de Charlot et Toinette, *Pièce déro-
bée à* V***.

> Scilicet is superis labor est, ea cura quietos
> Sollicitat,..
> Virg. Æneid.

MDCCLXXXIX.

1 brochure in-8° s. l. de 8 pages, titre compris. cartonné. non
rogné. En vers. Ignoble pamphlet contre Marie-Antoinette et le
comte d'Artois.

Voir d'autres éditions de ce pamphlet à 592, 593 et 654.

Des gravures qui devaient être jointes à ce libelle n'ont jamais paru.

L'édition originale, Paris, 1779, est très rare. Elle fut rachetée en entier au libraire Boissière, à Londres, par Goetzmann, envoyé par la Cour. Elle fut apportée à Paris et mise au pilon à la Bastille. L'opération coûta 17.400 livres à la cassette de Louis XVI, ainsi que l'atteste la quittance du libraire Boissière, publiée par P. Manuel (*Police dévoilée*). Quelques exemplaires échappèrent à cette destruction. L'un (ayant appartenu à M. Henkey), renferme deux planches gravées et très finement gouachées, attribuées à Desrais, représentant, l'une, Marie-Antoinette en tête-à-tête avec le comte d'Artois ; l'autre, Louis XVI se soumettant à l'épreuve du Congrès devant la Faculté de Médecine. Cet exemplaire est à l'*Enfer*, sous la cote 592.

Un deuxième exemplaire se trouve aujourd'hui à la bibliothèque de Rouen. Il provient de Leber qui l'a décrit au n° 2281 de son catalogue. Il est orné d'un dessin attribué à Desrais ; mais si les attitudes des deux personnages sont les mêmes que dans l'exemplaire de l'*Enfer*, leurs traits et leurs costumes rappellent plutôt Mme de Staël et La Fayette.

Pisanus Fraxi a vu une autre édition datée de 1779, avec une gravure dans la manière de Marillier, et deux médaillons-portraits avec ces noms : « Charlot » et « Toinette ».

Les gravures pour cet ouvrage n'ayant pas été tirées, il est fort probable que celles qui ornent les trois exemplaires décrits ci-dessus sont des essais et des copies faits après coup pour les exemplaires échappés au pilon. Mais ce n'est là qu'une hypothèse que nous hasardons.

Une deuxième édition parut sous le même titre en 1789 (peut-être même y en eut-il plusieurs). L'exemplaire ci-dessus et celui du n° 593 sont de cette 2e édition. Le pamphlet a, en outre, été imprimé à la suite des *Fureurs utérines de Marie-Antoinette* (voir 654) et dans le *Momus Redivivus* de Mercier de Compiègne (voir 711-712 et 713-714).

C'est une satire en vers irréguliers et plutôt médiocres :

> Une reine jeune et fringante,
> Dont l'époux très auguste étoit mauvais f...
> . . . .

Condamné à la destruction (il s'agit sans doute de réimpressions, ou peut-être même des exemplaires des éditions de 1789), en 1865, par le Tribunal correctionnel de la Seine.

146. — **Le Théâtre Erotique de la rue de la Santé.** *Son histoire.* Batignolles. MDCCCLXIV-MDCCCLXVI.

2 parties en 1 volume grand in-16 de 220 pages. (Poulet-Malassis Tête dorée) demi-reliure janséniste en chagrin poli brun, tête dorée non rogné avec coins, en très mauvais état. Avec 2 frontispices libres à l'eau-forte, l'un érotique, l'autre scatologique) sur chine volant de Félicien Rops. Un, pour chaque partie, et le *fac-simile*, sur chine également, d'une Invitation signée : L. Lemercier de Neuville. — 2ᵉ édition.

L'Edition de 1882. *Partout et nulle part*, contient un seul frontispice de Rops et 8 eaux-fortes de Lynen. une pour chaque pièce.

Par jugement du Tribunal de Lille, du 6 mai 1868, inséré au *Moniteur* du 19 septembre suivant, cet ouvrage a été condamné à la destruction comme contenant des outrages à la morale publique et aux bonnes mœurs (Affaire contre Duquesne).

Sommaire :

1. — *Histoire du Théâtre Erotique de la rue de la Santé.*

2. — Première partie.

    A. — *La Grisette et l'Etudiant,* pièce en un acte (en prose), par M. Henry Monnier.

    B. — *Le Dernier Jour d'un Condamné,* drame philosophique en 3 actes (en prose), par M. Jean-Hippolyte Tisserant.

    C. — *Les Jeux de l'Amour et du Bazar,* comédie de mœurs en un acte (en prose), par Lemercier de Neuville.

    D. — *Un Caprice* (vaudeville en prose mêlé de couplets), par Lemercier de Neuville.

    E. — *Scapin Maquereau,* drame en deux actes (en vers), par M. Albert Glatigny.

3. — Seconde Partie.

    A. — *Signe d'Argent,* vaudeville en trois actes, par MM. Amédée Rolland et J. Duboys.

    B. — *Pièces Justificatives :*

        a. — *Privilège du Théâtre Erotique.*

        b. — *Fac-simile d'une Invitation.*

4. — Appendice au Théâtre Erotique de la rue de la Santé.

    A. — *Le Bout de l'an de la noce,* parodie (en prose) du *Bout de l'an de l'amour,* de M. Théodore Barrière, par MM. Lemercier de Neuville et J. du Boys.

B. — *La Grande symphonie des Punaises* (en vers). Paroles
de MM. Nadar et Charles Bataille, musique de M. Jacques
Offenbach. La musique n'est pas dans le volume.

Nous croyons intéressant de publier ici, vu l'intérêt anecdoti-
que de ce recueil, l'*Histoire du Théâtre Erotique*, qui sert de préface au volume, les *Pièces Justificatives*, enfin les *Avertissements*
et les *Notes* qui précèdent chaque pièce.

*
* *

Histoire du Théâtre Erotique de la Rue de la Santé.

I

« Si l'hypocrisie n'était pas, par excellence, la vertu théologale
de notre triste époque, ce Théâtre, conçu d'après l'idée simple
de Molière, *de réjouir les honnêtes gens*, n'aurait aucunement
besoin d'introduction. On lèverait la toile, et le spectacle com-
mencerait, après l'ouverture exécutée par les violons.

« Mais, hélas ! l'esprit criminaliste de nos contemporains, tous
magistrats stagiaires à la sixième Chambre, voit matière à pro-
cès et à scandale dans les actions les plus ingénues, et réclame à
grands cris des explications.

« Ce sont ces explications que nous allons ne pas leur fournir.

II

« Ce que nous prétendons écrire n'est que l'histoire pure et suc-
cinte du *Théâtre Erotique de la rue de la Santé*, théâtre bizarre,
irrégulier, sauvage, excessif, mais où l'on a ri d'un rire franc, et
qui a eu le privilège de réunir, dans la communion de la gaité,
un petit nombre d'artistes et d'hommes de lettres bien portants.

« La Bohême élégante et poétique de la rue du Doyenné, le cé-
nacle qui rassemblait *Théophile Gautier, Gérard de Nerval, Las-
sailly, Arsène Houssaye*, encore non millionnaire, *Chassériau*, et
Marilhat, et tant d'autres, morts régulièrement ou enterrés dans
un Institut vague et indéterminé, ou simplement devenus de
grands poètes contraints de rendre compte des ouvrages de M. Den-
nery, pour gagner l'argent nécessaire à l'entretien des vices qu'ils
ont pu conserver, n'a plus aucune raison d'être. Elle a disparu
avec les beaux enthousiasmes et les fiers élans qui faisaient

battre le cœur des *vaillants* de 1830.

« Mais le bourgeoisisme envahissant, la vie de café, le besoin in-
cessant de *faire de la copie*, n'ont pu discipliner entièrement la
bande des hommes de lettres vivaces et des artistes en qui le
sang des aïeux circule, malgré tout. A de certains moments, la
gent irritable sent ses nerfs agacés, et veut, à toute force, pro-
tester, fût-ce entre quatre murs et dans le fond d'une cave, contre
la tyrannie des soirées officielles et des réunions où les peintres
sont mêlés aux boursiers, et les poètes aux journalistes graves.

« En ce temps-là (1861), *M.* *Duranty* venait d'ouvrir, dans le
Jardin des Tuileries, un théâtre de marionnettes, salué à son
aurore par les acclamations de la haute et de la basse presse,
marionnettes littéraires, qui pêtaient des alexandrins, en guise
de poudre, aux yeux des militaires et des bonnes d'enfants, —
mais qui ne tardèrent pas à devenir pareilles aux marionnettes
des Champs-Elysées, et durent se résigner à jouer la farce tradi-
tionnelle de Polichinelle battant sa femme, et finalement em-
porté par le Diable.

III

« M. *Amédée Rolland*, que les récents succès des *Vacances du*
Docteur et de l'*Usurier de Village* avaient mis en vue, demeurait
alors dans une sorte de ville de province, au fond des Batignolles,
entre les fortifications et les premières maisons de Clichy-la-
Garenne. Sa maison avait pour locataires *M.* *Jean Duboys*, l'auteur de la *Volonté* et des *Femmes de Province*, M. *Edmond Wit-*
tersheim, et M. *Camille Weinschenck*, un voyageur revenu du
Japon, et que la difficulté de son nom qui se brait, se miaule ou
s'aboie, peut-être, mais ne se prononce pas, faisait appeler, simplement, 4025.

« A la suite d'un déjeuner où était invité M. *Lemercier de Neu-*
ville (*Lemerdier*, dans l'intimité), on émit le projet d'appliquer
l'idée de M. *Duranty* à un théâtre libre, où la fantaisie se donne-
rait carrière, et qui servirait de prétexte à réunir, dans un souper
semi-mensuel, une vingtaine de gens d'esprit, éparpillés aux
vingt coins de Paris.

« Le projet eût été un simple propos après boire, sans M. *Lemer-*
cier de Neuville, sorte de Maître Jacques, apte à plus de choses
que l'ancien, qui trouva immédiatement le moyen de faire une
réalité d'une idée en l'air ; — et, le 27 mai 1862, un public —
très particulier — était convié d'assister à l'inauguration solen-
nelle de l'*Frétillon-Théâtre*.

www.ingramcontent.com/pod-product-compliance
Lightning Source LLC
LaVergne TN
LVHW021813170726
843503LV00007B/3186